Der Mann, der nicht starb

Die Geschichte von Elias

James Hartwell Willard

Writat

Diese Ausgabe erschien im Jahr 2024

ISBN: 9789359942759

Herausgegeben von
Writat
E-Mail: info@writat.com

DER MANN, DER NICHT STARB.

NACH dem Tod König Salomos wurde sein Sohn Rehabeam Herrscher über die Israeliten. Der Verschwendung und Pracht an Salomos Hof und seiner verschwenderischen Lebensweise standen hohe Steuern gegenüber. Angesichts der Tatsache, dass die enormen Einnahmen des Königreichs auf diese Weise genutzt wurden, waren die Menschen unzufrieden und dann illoyal geworden.

Nachdem Rehabeam König geworden war, appellierten die Israeliten an ihn, die Steuern und andere schwere Lasten zu erleichtern, die die Armen unterdrückten. Anstatt dem Rat seiner älteren Berater zu folgen und das Volk von einigen seiner Lasten zu befreien, hörte der neue König auf den Rat der jüngeren Männer, die mit ihm aufgewachsen waren, und lehnte die Bitte seiner Untertanen verächtlich ab.

Der König lehnte ihre Petition verächtlich ab.

Ein sehr ehrgeiziger Mann namens Jerobeam reichte die Petition bei Rehabeam ein, und als diese abgelehnt wurde, empörten sich zehn Stämme und machten Jerobeam zu ihrem Herrscher unter dem Titel König von Israel.

Der Rest der israelitischen Nation aus dieser Zeit war als Königreich Juda bekannt. Jerusalem blieb seine Hauptstadt und Gott wurde in dem prächtigen Tempel verehrt, den König Salomo erbaut hatte. Es behielt auch das reguläre Priestertum bei, wobei seine Beamten wie früher vom Vater auf den Sohn übergingen.

Unter den zwanzig Herrschern Judas gab es einige, die Gott aufrichtig dienten. Die besten vier Könige waren Asa, Josaphat , Hiskia und Josia. Asa kämpfte gegen die Götzenanbetung, die das Volk verdorben hatte, schloss jedoch ein Bündnis mit dem König von Syrien, der ein Götzendiener war. Josaphat , sein Sohn, regierte fünfundzwanzig Jahre lang das Königreich Juda, und obwohl er nicht immer das Richtige tat, verlief seine Herrschaft ruhig.

ASA las dem Volk das Gesetz Gottes vor.

Hiskia führte einen heftigen Krieg gegen die Götzenanbetung und stellte, soweit er konnte, die Anbetung Gottes im Tempel wieder her. Die Bibel sagt über alles, was er zur Ehre Gottes unternahm: *„Er tat es von ganzem Herzen und hatte Erfolg.“*

Hiskia zerstörte die Götzenbilder im Tempel.

Hiskia war ein sehr tapferer Mann, und als Sanherib, der König von Assyrien, eine Armee gegen Jerusalem schickte, war seine Rede an das Volk, in der er ihnen sagte, sie sollten stark und mutig sein, denn Gott würde ihnen helfen und für sie kämpfen, nicht unähnlich von Josua, als er die Israeliten ermahnte, auf Gott zu vertrauen, als sie im Begriff waren, das Land Kanaan zu betreten.

SENNACHERIB, KÖNIG VON ASSYRIEN.

Der Prophet Jesaja lebte während der Herrschaft Hiskias. Als der König einmal sehr krank war , betete er zu Gott, dass sein Leben verschont bleiben möge. Gott sagte Jesaja, er solle ihm sagen, dass er sein Gebet erhört hatte und dass er ihn heilen und sein Leben um fünfzehn Jahre verlängern würde.

Als Jesaja die Botschaft Gottes überbracht hatte, bat Hiskia um ein Zeichen, dass diese Dinge getan werden sollten, und Jesaja sagte, er könne entscheiden, ob der Schatten auf der Sonnenuhr um zehn Grad nach vorne oder um zehn Grad nach hinten gehen sollte.

Hiskia antwortete, dass es für den Schatten leicht sei, zehn Grad vorwärts zu gehen, und bat darum, dass er rückwärts gehen dürfe. Gott bewegte den Schatten, wie der König es verlangt hatte, und er akzeptierte es als Zeichen dafür, dass sein Leben verschont und seine Tage verlängert werden sollten.

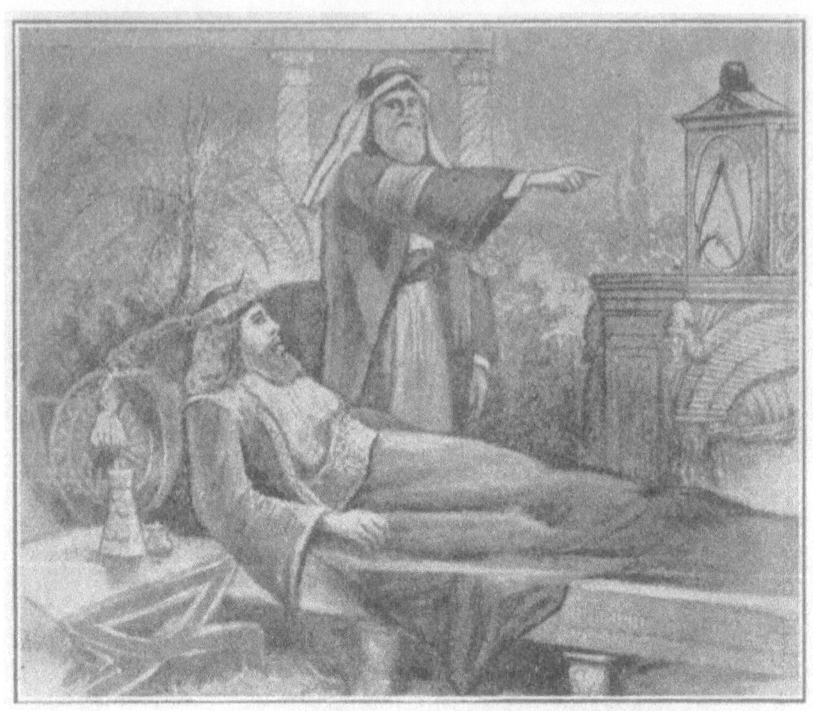

GOTT SCHIEBE DEN SCHATTEN RÜCKWÄRTS.

Josia war erst acht Jahre alt, als er den Thron von Juda bestieg. Schon als Kind diente er Gott und widmete sein Leben seinem Dienst. Er regierte mehr als dreißig Jahre und wurde schließlich von einem Pfeil getötet, als er sein Königreich gegen Necho , den König von Ägypten, verteidigte.

„JOSIAH WAR ERST ACHT JAHRE ALT."

JOSIAH WURDE DURCH EINEN PFEIL GETÖTET.

Trotz der wiederholten Warnungen der Propheten Gottes verehrten die Menschen weiterhin Götzen, bis zur Strafe das Königreich völlig zerstört wurde. Nach einer sechzehn Monate dauernden Belagerung nahm Nebukadnezar, König von Babylon, die Stadt Jerusalem ein, brannte den Tempel nieder und verschleppte als Gefangene alle Einwohner, die die Schrecken der Belagerung überlebt hatten. Dies war das Ende des Königreichs Juda und der Beginn der Zeit, die als „Gefangenschaft" bekannt ist.

Nach der Trennung Israels von Juda herrschte einige Zeit Krieg zwischen den beiden Königreichen, doch später schlossen sie ein Bündnis, um den König von Syrien daran zu hindern, über sie einzudringen. Noch später brach die alte Feindschaft erneut aus. Insgesamt gab es neunzehn Könige Israels, und eine Stadt nach der anderen wurde zur Hauptstadt des Königreichs, bis zur Zeit seines sechsten Königs Samaria zum Regierungssitz wurde.

Omri war der König, der Samaria baute. Die Monarchen, die ihm vorausgingen, zeichneten sich durch böse Taten aus, aber Omri übertraf sie an Schlechtigkeit. Die Herrschaft seines Sohnes Ahab war noch schlimmer, und über diesen König von Israel heißt es in der Bibel: *„Ahab tat mehr, um den Herrn, den Gott Israels, zu erzürnen, als alle Könige Israels vor ihm."*

RUINEN VON SAMARIA. Von einem Foto.

Ahab heiratete Isebel, eine phönizische Prinzessin, und dies war der Höhepunkt seiner sündigen Karriere. Isebel war prinzipienlos und intolerant, und da Ahab ein schwacher Mann war, wurde er kaum mehr als ein Werkzeug in ihren Händen. Sie führte sofort die Verehrung von Baal und Aschtoroth ein , den männlichen und weiblichen Göttern ihres eigenen Landes. Sie ließ einen großen Tempel auf der Kuppe eines Hügels errichten, und dort wurde die Verehrung dieser Götzen weitergeführt. Vierhundertfünfzig Priester und Diener verwalteten die Dienste Baals und vierhundert die Dienste Aschtorots

Isebel gab sich nicht mit der Einführung dieser heidnischen Anbetung zufrieden und verfolgte die wenigen im Volk, die der Anbetung Gottes treu blieben. Sie ließ ihre Altäre zerstören, und um ihr Leben zu retten, flohen sie in die wildeste Einsamkeit und versteckten sich in Höhlen, wie es ihre Vorfahren in den Tagen der Richter getan hatten.

Während dies alles geschah und Ahab sich mit dem Bau eines prächtigen Palastes in Jesreel beschäftigte, erschien eine neue und überraschende Gestalt auf der Bühne. Niemand wusste, woher der geheimnisvolle Fremde kam, als er, in einen rauen Umhang oder Mantel aus Schaffell gehüllt, dem erstaunten König gegenüberstand.

Der Name dieses seltsamen Besuchers war Elijah, ein Mann, von dem es hieß, er sei „der großartigste und romantischste Charakter, den Israel je hervorgebracht hat". Sein langes, dichtes Haar zeugte von bemerkenswerter Ausdauer, und zusätzlich zu seinem Schaffellmantel trug er einen Gürtel aus der Haut eines Tieres, den er nach damaliger Mode festzog, wenn er sich schnell bewegen wollte.

Der Name dieses seltsamen Besuchers war Elia.

Elia war einer der Propheten Gottes, und seine Mission bestand darin, Ahab zu verkünden, dass ein Gericht über das Land kommen würde, weil das Volk die Anbetung Gottes aufgegeben und sich stattdessen vor Götzen verneigt hatte. Diese Strafe sollte in Form einer Dürre erfolgen, was zu jeder Zeit eine schreckliche Plage war, vor allem aber in den östlichen Ländern, wo bei Wasserknappheit die gesamte Vegetation schnell austrocknet.

FOLGE DER DÜRRE IN PALÄSTINEN. Aus einem Foto.

Elias Botschaft war sehr kurz, und bevor sich der König von seinem Erstaunen erholt hatte, war der Prophet ebenso plötzlich gegangen, wie er erschienen war.

Wir haben keine Aufzeichnungen darüber, dass Elia ein festes Zuhause hatte. Die wilden Pfade der Wildnis und der Berge waren ihm vertraut, und er wohnte dort, wo ein ausladender Baum ihm einen grünen Schutz bieten würde. Er zog von Ort zu Ort, gemäß den Geboten Gottes. Als er nun die Gegenwart Ahabs verließ, erging das Wort Gottes an ihn und wies ihn an, sich nach Osten zu wenden und sich am Bach Cherith zu verstecken.

Elia blieb in diesem Rückzugsort, solange der herabfallende Bach Wasser lieferte, um seinen Durst zu stillen, und während dieser Zeit wurde er von Raben gefüttert, die ihm zweimal täglich Brot und Fleisch brachten. Nach einer Weile trocknete der Bach aus, und die Blätter, die ihn vor der sengenden Sonne geschützt hatten, schrumpften und fielen zu Boden, denn die versprochene Dürre kam über das Land.

„ELIJAH WURDE ZWEIMAL JEDEN TAG VON RABEN
GEFÜTTERT.“

Wieder erging das Wort Gottes an Elia und sagte ihm, welchen Weg er zu seiner nächsten Zuflucht nehmen sollte. Über die Berge des Libanon, wo die Bäche so trocken waren wie der von Cherith, machte sich der Prophet auf den Weg. Er stieg ihre weiteren Hänge hinab, überquerte die Ebenen zu ihren Füßen und näherte sich, das Gesicht immer noch dem Meer zugewandt, dem Dorf oder der Stadt Zarephath. An ihrer Stelle soll das moderne Dorf Suraflud stehen , in dem auch die Ruinen der antiken Stadt zu sehen sind.

DIE WEBSITE VON ZAREPHATH. Von einem Foto.

Elia befand sich nun in Phönizien , dem Heimatland von Isebel, der Frau von König Ahab. Es scheint der letzte Ort zu sein, an dem ein Feind Baals Zuflucht suchen würde, aber Elia wusste, dass Gott ihn aus einem bestimmten Grund dorthin schickte. Ethbaal , der Vater von Isebel, war der König von Phönizien , und die Hungersnot, die auf die Dürre folgte, hatte dieses Land erreicht und verursachte schreckliches Leid.

Etwas außerhalb von Zarephath fand Elia eine Frau, die Holz für Feuerholz sammelte. Sie war Witwe und lebte in so großer Armut, dass ihre einzige Nahrung auf der Welt aus einer Handvoll Mehl und etwas Öl in einer Flasche oder einem Glas bestand. Voller Durst bat Elia sie um Wasser, und als sie sich umdrehte, um es zu holen, bat er sie auch um ein Stück Brot.

Traurig sagte ihm die Frau, sie hätte kein Brot. Sie sammelte Stöcke, um ein Feuer anzuzünden, über dem sie die Handvoll Mehl und das kleine Öl, das noch in der Flasche war, kochen würde. Als sie und ihr Sohn dies gegessen hatten, hatten sie keine Nahrung mehr und starben infolgedessen an Hunger.

„Eine Frau sammelt Stöcke für Feuerholz.“

Es ist wahrscheinlich, dass diese Frau eine Israelitin und keine Baal-Anbeterin war, denn als Elia ihr sagte, sie solle Mehl und Öl zu einem Kuchen mischen und ihn für ihn backen, fügte er hinzu: „ *Denn so spricht der Herr, der Gott Israels: „Das Mehlfass soll nicht vergeudet werden, und der Ölkrug soll nicht leer werden, bis zu dem Tag, an dem der Herr Regen auf die Erde senden wird* “, tat die Frau, was ihr gesagt wurde, und erkannte ihn offensichtlich als einen Propheten Gottes. Sie fütterte ihn, bevor sie und ihr Sohn etwas zu essen bekamen, und gewährte ihm auch den Schutz ihres Hauses; und während der ganzen Zeit der Dürre und Hungersnot mangelte es nie an der Versorgung mit Mehl und Öl.

Nach einer Weile geriet der kleine Haushalt in Schwierigkeiten. Der Sohn der Witwe wurde plötzlich sehr krank und starb dann. Die Mutter mit gebrochenem Herzen fragte Elia, warum er nur zu ihnen gekommen sei, um ihren Sohn zu töten. Der Prophet antwortete: „*Gib mir deinen Sohn*“, nahm den Jungen aus den Armen seiner Mutter, trug ihn in sein eigenes Zimmer und legte ihn auf das Bett.

Dann rief Elia Gott an und betete, dass das Kind wieder lebendig gemacht werden möge, und Gott erhörte sein Gebet, denn der Junge setzte sich lebendig und gesund auf. Der Prophet nahm ihn auf den Arm und trug das Kind zu seiner Mutter, die so glücklich war, dass sie ausrief: „*Daran erkenne ich, dass du ein Mann Gottes bist und dass das Wort des Herrn in deinem Mund ist.*“

„ELIA TTRAGT DAS KIND ZU SEINER MUTTER."

Die Dürre hielt an, und in Samaria waren die Schrecken der Hungersnot zu spüren, die durch den Ausfall aller Ernten verursacht wurde. Ahab war verzweifelt. Überall starben Pferde und andere Tiere, denn es gab nicht das geringste Gras oder Gras, das sie essen konnten, und überall waren die Bäche trocken.

Der oberste Beamte von Ahabs Haus war ein Mann namens Obadja. Er war ein treuer Diener Gottes und hatte während der erbitterten Verfolgungen Isebels hundert Menschen, die Gott anbeteten, in einer Höhle versteckt und sie dort gefüttert. Ahab nahm nun Obadja mit und machte sich auf die verzweifelte Suche nach Weideland und Wasser für die Tiere. Der König ging in die eine Richtung und sein Diener in die andere, was ein scheinbar aussichtsloses Unterfangen zu sein schien.

Bevor Obadja weit gegangen war, stand Elia plötzlich vor ihm. Schnell forderte ihn der Prophet auf, zu Ahab zu gehen und ihm zu sagen : „*Elia ist hier.*" Obadiah befürchtete, dass Elia verschwinden würde, bevor er den

König zu sich bringen konnte, doch Elias beruhigte ihn und machte sich auf die Suche nach Ahab.

EIN FELD IN PALÄSTIN HEUTE. Von einem Foto.

Nun hatte Ahab in seinem ganzen Königreich nach dem geheimnisvollen Fremden gesucht, der ihn vor drei Jahren vor der bevorstehenden Dürre gewarnt hatte; Sobald er von Obadja erfuhr, dass der Fremde wieder aufgetaucht war, ging er ihm entgegen. Als er den Propheten sah, fragte er ihn: *„Bist du es, der Israel beunruhigt?"* Elia antwortete, dass er Israel nicht beunruhigt habe, sondern dass Ahabs böse Herrschaft und die seines Vaters vor ihm die Ursache für die Dürre gewesen seien.

Dann verurteilte Elia den Götzendienst Ahabs und befahl daraufhin, sein Volk auf dem Berg Karmel zu versammeln und auch alle Priester und Diener von Baal und Aschtoroth mitzubringen . Ahab wagte nicht, ungehorsam zu sein, und eine große, müde und teilnahmslose Menschenmenge versammelte sich an den sonnenverbrannten Hängen des Berges. Die Priester waren in prächtigen Gewändern da und der König selbst, alle gespannt und erwartungsvoll. Nicht weit entfernt entsprang eine offenbar bisher unentdeckte Wasserquelle.

Elijah erschien mit nur einem Begleiter, und bald ertönte seine Stimme. *„Wie lange schwankst du zwischen zwei Meinungen? Wenn der Herr Gott ist, folge ihm; wenn aber Baal, dann folge ihm."*

Die erstaunten Menschen standen sprachlos da. Dann sprach Elia erneut und sagte, er sei nur noch ein Prophet, während vor ihm vierhundertfünfzig Propheten Baals seien. Dann schlug er einen Machttest vor.

HEUTE DAS LAND IN PALÄSTIN kultivieren. Aus einem Foto.

Er bat darum, zwei Ochsen zur Verfügung zu stellen. Die Baalspriester sollten eines davon nehmen und es für die Opferung vorbereiten, indem sie es auf das Holz auf dem Altar für ihren Gott legten, aber sie sollten kein Feuer darauf legen. Den anderen Ochsen würde er auf die gleiche Weise zubereiten.

Dann sollten die Priester des Baal ihren Gott anrufen, und er würde seinen Gott anrufen, und der Gott, der antwortete, indem er Feuer sandte, um das ihm dargebrachte Opfer zu verzehren, sollte der Gott des Volkes sein. Die Antwort des Volkes, niedergeschlagen angesichts des langen Ertragens des Elends, war bereit, und wie ein Mann riefen sie: „Es ist gut gesprochen."

Der Altar für Baal wurde vorbereitet und das Opfer in der richtigen Form darauf arrangiert. Es fehlte nur Feuer. Laut beteten die Baalspriester. Wild sprangen sie um den Altar herum und riefen immer wieder: *„O Baal, erhöre uns."* Der Morgen verging und es kam keine Antwort; kein Feuer schien das Opfer zu verzehren.

Gegen Mittag verspottete Elia die aufgeregten Priester und sagte zu ihnen: „*Schreit laut, denn er ist ein Gott; entweder redet er, oder er verfolgt ihn, oder er ist auf einer Reise, oder vielleicht schläft er und muss geweckt werden.*" "

Die Baalspriester nahmen diesen Rat ernsthaft an. Sie flehten und tobten noch wilder und verletzten sich in ihrer Raserei, während sie ständig Baal anriefen, um sie zu hören. Und so verging der Nachmittag.

HEUTE DER GIPFEL DES MOUNT CARMEL. Von einem Foto.

Als die Sonne unterging, näherte sich Elia dem Altar, den er aus zwölf Steinen gebaut hatte – einem für jeden Stamm Israels. Das sorgfältig vorbereitete Opfer lag auf dem Holz. Rund um den Altar war ein Graben gegraben worden, der nun mit dem Wasser gefüllt war, das über das Opfer gegossen worden war.

Dann betete Elia zu Gott und bat ihn, das Volk an diesem Tag wissen zu lassen, dass er der Gott Israels sei und dass er dies auf seinen Befehl hin getan habe. Am Ende seines Gebets brach Feuer aus, das von sterblichen Händen nicht entzündet worden war. Ungeachtet des Wassers hüllte es Opfer und Altar in Flammen und verzehrte sie, wobei es mit seinem erhitzten Atem sogar das Wasser im Graben aufleckte. Bei diesem Anblick warfen sich die Menschen nieder und riefen: „*Der Herr, er ist der Gott, der Herr, er ist der Gott.*"

ELIAS OPFER AUF DEM BERG KARMEL.

Die Baalspriester, die größtenteils für den Götzendienst der Nation verantwortlich waren, standen zitternd und bestürzt da. Schnell befahl Elia, sie zu vernichten, und das geschah. Als nächstes wandte er sich an Ahab und sagte ihm, er solle eilig essen und trinken, denn der lange aufgeschobene Regen stehe bevor, obwohl kein Anzeichen dafür zu sehen sei.

Nur von seinem Diener begleitet, begab sich Elia dann auf den Gipfel des Berges Karmel und hockte sich in der in östlichen Ländern üblicherweise angenommenen Meditationsposition auf den Boden. Er schickte seinen Diener an einen Ort, von dem aus man einen Blick auf das Mittelmeer hatte, und forderte ihn auf, sich umzusehen und ihm mitzuteilen, was er sah.

Sechsmal kam der Diener mit der Nachricht zurück, dass er nichts gesehen habe. Beim siebten Mal berichtete er, dass er eine kleine Wolke, nicht größer als eine Menschenhand, aus dem Meer kommen sah. Elia schickte den Mann, um Ahab zu warnen, dass der Regen schnell herannahe und er sich sofort auf den Heimweg machen müsse, und eilte dann den Berg hinunter, um dem König an seinem Fuß zu begegnen.

EINE KLEINE WOLKE KOMMT AUS DEM MEER.

Trotz aller Geschwindigkeit, die ihm zur Verfügung stand, erreichte Ahab gerade noch rechtzeitig seinen Palast in Jesreel, um der Heftigkeit des Sturms zu entkommen. Elia lief vor dem königlichen Streitwagen die gesamte Strecke von sechzehn Meilen her, aber er betrat den Palast nicht.

Bisher war der Triumph bei Elia. Das Volk war überzeugt, die Baalspriester waren tot, der König war voller Ehrfurcht. Aber Isebel war in ihrem Hass auf den Propheten unerbittlich. Sie war so wütend, als Ahab ihr erzählte, was an diesem Tag geschehen war, dass sie eine Nachricht an Elia schickte und ihm sagte, dass sie, bevor ein weiterer Tag verginge, sein Leben haben würde. Obwohl Elia ein Prophet war, zitterte er vor der Bedrohung durch die götzendienerische Königin und floh um sein Leben.

ließ seinen Diener in Beerscheba zurück, ging eine Tagesreise in die Wildnis, warf sich unter einen einsamen Busch und betete in einem Anfall von Verzweiflung, dass er sterben möge. Erschöpft vor Aufregung und

Müdigkeit schlief er ein, doch als er aufwachte, fand er Essen und Wasser neben sich und einen Engel, der ihm sagte, er solle sich mit den Vorräten erfrischen, die Gott ihm gesandt hatte.

Als Elia aufwachte, fand er neben sich einen Engel.

Zweimal aß und trank Elia von der wundersamen Speise und reiste dann in ihrer Kraft vierzig Tage und vierzig Nächte, bis er zum Berg Horeb kam, dem Ort, an dem Mose den göttlichen Befehl erhielt, die Israeliten vor dem Pharao zu retten.

Elia fand Zuflucht in einer Höhle, und dort hörte er die Stimme Gottes, die fragte: *„Was machst du hier, Elia?“* Die Antwort des Propheten war voller Bitterkeit und Niedergeschlagenheit, aber seine Klagen wurden durch den Befehl unterbrochen, aus der Höhle herauszukommen und die wunderbaren Werke Gottes zu betrachten. Elia zog seinen Mantel um sich und ging hinaus auf den Berghang, um zuzusehen.

Als er dort stand, toste ein mächtiger Wind durch die Felsen und zerriss sie. Dann erschütterte ein Erdbeben die Wüste, bis der Berg selbst unter der Erschütterung erzitterte. Dann spielte ein Feuer, so geheimnisvoll wie das, das in den Tagen Moses den Busch erleuchtete, um die einsamen Höhen. Nach einer Pause flüsterte *„eine leise, leise Stimme"* dem einsamen Beobachter eine Offenbarung ins Ohr , die ihm Trost spendete und auf weitere Pflichten hinwies. Gestärkt und getröstet ließ Elia den einsamen Berg hinter sich und traf kurz darauf auf den Mann, der ihn als Gefährten aufmuntern und ihm als Prophet nachfolgen sollte.

Ein Sturm in Palästina. Von einem Foto.

Dieser Mann war Elisa, der Sohn von Shaphat . Mit zwölf Ochsen pflügte er die Felder rund um sein Haus . Als er an ihm vorbeiging, warf Elia seinen wohlbekannten Mantel über Elisa, der in dieser Aktion erkannte, dass er von da an der Diener und Freund des Propheten sein sollte. Elisa verabschiedete sich von seinem Vater und seiner Mutter, folgte Elija und begann so eine lange Zeit des Dienstes und des Geschlechtsverkehrs mit ihm.

Elischa pflügte seine Felder.

Das Verschwinden Elias nach seinem Triumph über die Baalspriester ließ Ahab und Isebel wahrscheinlich glauben, sie hätten den Propheten zuletzt gesehen. Sie setzten sicherlich ihre bösen Wege fort, denn bald lesen wir, dass Ahab den Weinberg eines Mannes namens Naboth begehrte. Dieser Weinberg lag ganz in der Nähe der Mauern von Ahabs Palast und er wollte ihn in einen Garten verwandeln.

Aber Naboth wollte seinen Weinberg nicht verkaufen oder gegen einen anderen eintauschen, denn er gehörte schon sehr lange seiner Familie. Seine Weigerung machte Ahab so wütend und enttäuscht, dass er sich auf sein Bett warf und sich weigerte zu essen oder auch nur zu sprechen. In diesem Zustand fand Isebel ihn und begann ihn sofort zu trösten, indem sie ihm sagte, er solle seinen Weinberg haben.

Das erste, was diese böse Frau tat, war, Zeugen zu bestechen, damit sie sagten, Naboth habe schlecht über Gott und auch über den König geredet. Naboth wurde verurteilt und zum Tode gesteinigt. Ahab nahm daraufhin den Weinberg in Besitz und als er eines Tages darin umherging, sah er Elia auf sich zukommen. Zitternd rief der böse König: *„Hast du mich gefunden, o mein Feind?"* Elia antwortete, dass er ihn nicht gesucht habe, weil er sein Feind sei, sondern um ihm zu sagen, dass er bestraft werden müsse, weil er sein ganzes Leben lang Unrecht getan habe.

Es gab falsche Zeugenaussagen gegen Naboth.

Drei Jahre später wurde Ahab in der Schlacht getötet, und später erlitt Isebel einen schrecklichen Tod, denn sie wurde von ihren eigenen Dienern aus dem Fenster geworfen und auf den Steinen darunter zermalmt.

DER TOD VON JEZEBEL.

Als die Zeit kam, in der Elias Arbeit auf Erden aufhören musste, nahm er Elisa mit an einen Ort namens Gilgal. Sie überquerten den Jordan auf eine ebenso wunderbare Weise wie die Israeliten viele Jahre zuvor beim Einzug nach Kanaan. Elia schlug mit seinem Mantel auf das Wasser und sie trennten sich und gingen; ein Weg, über den die beiden sicher gingen.

Während diese beiden Männer Gottes miteinander redeten, erschienen dort ein Feuerwagen und Feuerpferde und trennten sie. Elia wurde in den Wagen geschwemmt und in den Himmel getragen. Doch bevor er verschwand, fiel ihm der Mantel ab. Elisa nahm es auf und erhielt damit die Kraft, Wunder zu wirken, die Gott Elia, dem Mann, der nicht starb, gegeben hatte.

„ELIJAH WURDE IN DEN WAGEN GEWEGT."